JN410436

# 일부의 사생활

손현숙 시집

시인동네 시인선 085

손현숙 시집

# 일부의 사생활

시인동네

## 시인의 말

나는 너머를 꿈꾼다.

시가,
계산을 모르는
목적지로 가는
동행자였으면 좋겠다.

2018년 1월
손현숙

차례

시인의 말

**제1부**

허밍처럼 · 13
마녀는 뜨개질을 좋아해 · 14
가니메데스 유혹 · 16
푸레독 · 18
신화처럼 거절해봐 · 19
꽃잎처럼 포개져서 명왕성 갈래? · 20
회전문 · 22
나무나 나나 바람이나 뭐 · 24
깨어있는 꿈 · 25
파투 · 26
미안하지만, 혼자 꿀꺽 · 28
고양이 낙법 · 30
毒, 꽃으로 찾아오는 · 32
행간, 행간 · 33
너는 왜 내게 등을 보이니? · 34

## 제2부

디졸브 · 37

콜링 · 38

데드맨, 워킹! · 40

흑백필름 한 통 · 42

베네치아 우울 · 44

카메라는 사실이 아니다, 사실이다 · 46

시선 · 47

날개가 색을 묻히다 · 48

금병매는 금병맬까, 아닐까 · 49

다시 보기 · 50

결정적 순간 · 52

오늘 문장의 마침표를 찍으신 · 53

기일 · 54

한강이 없어 어떡하지? · 55

봄날의 산보처럼 · 56

방심이 좋다 · 57

목련이 피었는데 쇠나 시들까 · 58

## 제3부


우연한 사후 · 61

서쪽으로 한 뼘 · 62

성당과 호떡 · 64

진아, · 65

위노나 소혹성 B14좌의 기억들 · 66

참빗은 너무 아프고 도끼빗은 너무 성글어서 · 68

꽃아, 울어라! · 70

꽃, 다시 와서 아프다 · 72

사막인 · 73

누가, 입술로 안녕을 · 74

보시 · 75

패러글라이딩 · 76

플랫슈즈는 말랑하다, 비리다 · 78

신은 아홉 벌의 옷을 껴입었다 · 80

생각으로 오는 붉은, · 82

새는 불을 매달고 · 84

## 제4부

절정 · 87

물방울, 리플레쉬! · 88

애인 코스프레 · 90

커피 한 잔, 이라고 그가 말했다 · 92

체스 · 94

페르마타 · 96

못, 준다 · 98

태양춤 · 99

봐라, 초승달이 떴다 · 100

햇빛으로 긁었다 · 102

목련은 흰 피 동물이다 · 104

바람 박물관 · 106

그림자는 두께가 없다 · 108

팬닝 · 110

물 박물관 · 112

**해설** '흔들리는 중심'의 비밀 · 113
고영(시인)

# 제1부

# 허밍처럼

어떤 생각이 여기까지 이끌었을까, 한 발이 한 발을 따라가고, 그 뒤를 또 다른 발자국이 따라간다 저기, 환하게 빛을 지고 선 사이프러스, 나무가 예를 갖춘 듯 양쪽으로 늘어섰다

소실점 뒤 문을 열고 들어서면 사람들이 웅성거리는 곳, 누구는 차를 마시고 농담을 하고 더러는 무릎 위에 담요를 덮었다

거기에서 한 치의 망설임도 없기를, 바람이 오랜 비밀처럼 하늘을 간다 한 번도 가본 적은 없지만, 아무도 되돌아오지 않았다

밝음, 저 도열의 끝을 지나 한 발짝만 들어서면 죽은 자들의 웃음소리가 들린다 빛으로 사람을 가볍게 당기는, 문득 걷다 보면 허밍처럼 빛을 터트리는,

# 마녀는 뜨개질을 좋아해

페인트에 삶은 달걀을 으깨 얼굴에 찍어 바르렴
토성의 귀환처럼*
태어난 그때 그 자리로 돌아오는
너는, 아직도 스물아홉 살
늙어서도 생생한 슬픈 애송이

살고 싶지도
죽고 싶지도 않은 테라스에서
매콤한 핫바나 기름에 튀겨 머리에 꽂고 다닐까
라푼젤의 머리카락이 긴 산꼬리풀로 자라나겠지
사랑할 거야, 그게 슬픔이라도

뜨개질을 해야지 단두대 아래서
목이 다시 떨어지기를 기다리면서
꽈배기 무늬에는 노랑을 섞어
푸딩처럼 달달하게 맛을 내는 거야
날개를 뒤집는 접시 위의 바람은
길쭉해라, 밀가루처럼 여러 생을 뒤척이며 반죽한다

처음에는 립스틱 색깔만 바꾸는 거야
파마하고 손톱은 반만 뽑아 쇄골에 담고
거실의 등을 떼다 귀고리 하면
키가 너무 작잖아, 총체적인 실수라 치고
토성까지 돌아가려면 겨우 스물아홉 해

먹어치울까, 그게 슬픔이라면
가슴에 독을 품고 살아서
독버섯은 온전하게 살아있잖아
아무도 다가서지 않는 그곳이 사랑일 거야
춥고 눈부신 하늘이나 달달 볶아서

* 토성은 한 바퀴 도는 데 29년이 걸린다.

# 가니메데스 유혹

정광산 제3구역 운무에 갇힌 산비탈 돌아 나오다
보았다, 입 달린 자궁이 자궁을 삼켜버리는 것을,
비 오다, 말다, 축축한 흙더미 위
꽃뱀 두 마리 서로 죽일 듯 파고드는

돌아나갈 자리 마땅치 않아 엉거주춤 서 있었다
혀와 혀끼리 얽힌 두 얼굴
칼과 칼이 튀는 시선에
순식간 몸을 탁, 풀었다
달아난다, 배를 밀면서 시퍼렇게 色을 지운다
호기심에 발자국이 격렬하게 반응한다

촉촉하게 물올랐던 층층나무 꽃술들이
절벽 아래로 급하게 깎지를 꺾는다
환지통에 시달리는 한낮이 등을 구부리는 시간

산문에 들어서자마자 세워놓은 붉은 푯말
*'뱀 조심하시오'*

없는 길, 없는 소리, 없는 산, 없는 여자의 숲길을
지레 겁먹고 막대기 휘두르며 오른다

# 푸레독*

뱀, 베라, 베로는 요괴인간 눈꼬리가 찢어지고 손가락도 셋, 푸른 늑대가 돌아오는 어스름 때 땅 위에 발 내린다 착한 마음으로 지팡이와 채찍으로 악귀들을 물리치면서 "인간이 되고 싶다" 불에 댄 듯

푸레독, 불 속에서 검고 푸른 그을음으로 숨을 쉰다 몸은 그제야 작은 균열이 생기고 이쪽과 저쪽의 물을 가두고 공기는 서로 드나든다 업장 소멸하듯 빛으로 몸을 감고

몸을 지져 살 속으로 스미면 인간이 되는 건가 요괴가 되는 건가 조금은 애매하게 사라지는 거, 없는데 있는 거 살긴 살았는가, 연기 사이에는 무엇이 있나 죽어서도 살아있는 푸른 얼룩

---

* 옹기에 유약을 바르지 않고 대신 1,200도의 고열에 소금을 넣고 솔가지의 연기로 막을 씌운다. 색이 검고 푸르게 발현된다.

## 신화처럼 거절해봐

여름 한철 개나리는 즐겁습니까? 비 갠 후 햇살은 창끝처럼 날카롭고요 태어나는 족족 아비가 먹어치운 새끼들의 울음은 명랑합니다 손금을 마주했던 벨벳 같은 밤들도 그러나 아침이 오면 깨끗이 손을 씻어야지요 리라 속에 단단히 갇힌 오르페우스 모가지는 울지 못하면서도 절창입니다 테세우스가 칼을 차고 등을 보였던 뱃머리, 남풍은 아리아드네 쪽으로 불어줄까요? 잠시라고 믿으며 흘러가는 구름 속, 달의 슬하는 제 그림자를 모르는 햇덩이의 거처입니다 아무것도 고백한 적 없는 입술도 자기 이름은 불러줄까요? 코를 막고 붕붕거리는 벌들의 날갯짓에 꽃들은 더 이상 문을 열지 않는다는데……

## 꽃잎처럼 포개져서 명왕성 갈래?

천년의 여자, 메마른 몸속에 바람이 산다
동굴벽화처럼 발바닥이 터지고 갈라졌다
침묵 속으로 깊이 발을 묻은 모래 여자

오래도록 썩지도 못한,
석양에 저 혼자 빛을 내기도 했다는데
쉴 곳을 잃어버린 새는
언제부터 모래의 시간을 불러온 것일까

소문의 꼬리가 몸속에 꽃그림을 심는다
아픈 곳을 찔러 바닥의 생기를 끌어올렸다
色이 불려 왔다
핏방울로 젖이 돌고
모래는 둥글게 두 산을 쌓았다

새들의 하늘자리 부드럽게 만지면서
여자와 여자가 맨발로 시작하는
세상의 첫날

꽃잎은 모래의 어법으로 종일 울음을 펴 날랐다

함께, 명왕성 갈래?
외눈의 여자 눈물이 돌아왔다

# 회전문

회전문은 한 방향을 고집한다
너는 자꾸만 눈을 깜빡거리고 나는 귀고리를 붙였다 뗐다 한다

씹던 껌만 씹고, 다니던 길만 다니고, 쓰던 안경만 쓰고, 잡는 연필만 잡고, 타는 옻만 타고, 빨던 사탕만 빨고, 신던 신발만 신고……

입구와 출구를 번갈아 놓치기도 하면서
우리들의 하루는 무사하다, 할까?
도돌이표처럼 입꼬리 싹, 올린다

바람은 언제 꼬리와 꼬리
맞잡고 동그랗게 휘파람 소리를 내는 걸까
들고나는 사람들 좀 봐
입술 꾹 다물고 발바닥이 발바닥을 따라가네

비극과 희극은 간발의 차이, 자전처럼

닫혀야 열리는 반복은
어이없이 풀려버렸던 새끼손가락의 약속이다

밀면 밀리고 설 때 서야 하는 순간, 을 놓아버리면
너는 헐렁하고 나는 정전기처럼 사소하다

## 나무나 나나 바람이나 뭐

북한산 향로봉 날등바위 한 발 나가면
한 발 밀리고 아이젠 신고도 미끄러지는 눈길, 낯설다
다음 세상 찾아가는 길이 이럴까

느닷없이 눈앞에 나타난 한 장면,
누가 도끼로 찍은 것처럼 간밤 내린 눈에 잘생긴 소나무 정수리 쪼개졌다
제 몸통 제가 반 갈라 올리는 소신공양이다
찢어진 팔, 나뭇가지 거꾸로 쏟아졌다

하얗게 꽁꽁 염했다, 지난밤 컴컴한 시간
북한산 골짝마다 쩡, 쩡, 소나무 몸 열리는 소리 컸겠다
그때 어떤 영혼이 이승의 경계를 넘었을라나

팔다리 흔들면서 걷는 내가 도무지 내가 아닌 것 같다
꽃피고 새가 울면 사라진 길 다시 만나는 걸까
바람도 숨 쉬며 하늘과 땅 사이를 간다

# 깨어있는 꿈

꽃 보러 왔다가 철새들 본다 태안면 신두리는 지금 썰물 때 알 수 없는 끝을 향해 바다는 간다 삽시간에 물은 찰 것이고 나는 화들짝, 기울어진 하늘로 새들을 푼다

선두는 길을 트다 자리 바꾼다 책장 넘기듯 한 점씩 色을 묻혀 호리병을 채우네 아무리 둘러봐도 꽃 없지만, 새는 날개 끝까지 핏줄 세운다 대오에서 처져 겨우 꽁무니에 매달리는 새 한 마리,

허공을 문지르며 파문 그린다 내 말은 알아듣지도 못하고

일행은 바다 건너 지붕이 빨간 대문을 밀면서 푸른 종을 흔든다 복숭아뼈까지 물이 차올라 새들 발 시리겠다 가도 가도 없는 집 꿈인 줄 알면서도 새는 북서쪽으로 몸을 들인다

날개에 태양 흑점을 찍고 서쪽 환한, 바다로 간다

# 파투

이 돌멩이 어디서 주워왔을까
세 번째 이삿짐을 푸는데 툭, 떨어진다
이상해라, 나 가출하던 가방 속에도 버티고 있던

없다, 늘 쓰던 안경이 감쪽같이 사라졌다
화장실까지 홀딱 뒤집었지만
쓰고 갔다 쓰고 나온 게 분명한데

분명할까? 난 썼다고 우기는데
아무도 본 사람이 없다 어느 별에 벗어버리고 온
돌멩이 하나로 달랑 남았나

저녁답에 잠깐 왔다 가는 개밥바라기별
저건 화투판의 파투야

이름은 생각나지만 얼굴이 떠오르지 않는
돌멩이처럼 장미나무 분 갈던 손으로 아들 귀뺨 후려치는
아버지를 누구라 정의해야 하나

뭘까, 손 안에서 새까맣게 깜빡거리지만
도무지 생각나지 않는 먹통을
손에 꼭 쥐고 앉아 그때 거기서 잃어버렸던

날 왜, 거기다 내다버렸니?

## 미안하지만, 혼자 꿀꺽

처녀애들 창가에 깔깔깔, 앉았다
늦깎이로 학교에 간 내게
밝고 환한 곳을 권한다
나는 그곳에서 가장 멀리,
괜히 기가 죽는다
가능한 역광으로 나를 감춘다
빛은 각도까지 너덜너덜한데
여자애들은 탱글탱글 물먹은 초록이다
따라 웃고 떠들면서 나는
만유인력에 좀 더 심각하다
처지는 입꼬리 깨지는 잔광이란
땅기운이 강하게 유혹하는 힘!
팔자주름과 땅속 깊은 말씀과의
내밀한 관계를 손끝으로 짚어본다
그러니까 주름은 세밀화가의 세필처럼
오래도록 그려낸 기억의 필체
아무나 함부로 넘길 수 없는 서책
뭣도 모르는 무지막지 저 헛것들과

묘수를 나눌까, 말까,

미안하지만, 혼자 꿀꺽 삼키기로,

## 고양이 낙법

선물상자를 열었더니 라푼젤이 누워 있네
손톱이 자라 휘어지도록 너는 너를 고집하는 거다
인형의 긴 머리카락에 목이 챙, 감겨
뱃바닥으로 방바닥 쓸면서 이별을 생각했다

도무지 이유를 모르겠다고 고작 대문이나 발로 차며
너는 '죽여버릴 거야', 주머니쥐 오줌만큼의 목소리로
왔던 길 오고 또 가는 게 고작이었지만
파란 대문 집 모서리에서 딸랑, 물처럼 흔들리는 종소리에
내 귀 오히려 쫑긋 세워지더라

그때, 고양이가 비틀, 지나갔던가 나비가
팔랑, 흘러갔던가, 뱃속의 아기가 꼬물, 이소룡처럼
꼬물거리네 불량과자 훔쳐 먹듯 취권에 취해
노벨 극장 들락거리며 나도 비틀, 고양이 낙법 연습했었다

황도길도 태양의 둘레를 23도 27분으로 비틀거리네
삼각 다리 위에 카메라 얹어두고 B셔터 개방

별자리 촬영해본 사람은 안다, 흔들리는 중심은
난간 위에서도 사뿐 중심을 옮겨
연하게 빨강과 파랑 色을 부른다는 것을

위가 뒤틀려서 곽란으로 이어진 한밤
음식이 위 속에서도 제 모양을 고집하듯
라푼젤에서 단 한 걸음도 움직일 줄 모르는 너는
여전히 한 가지의 생각으로 하강하는 단애
흔들리지 않는 중심은 지루해라, 오래전 너를 버렸다

# 毒, 꽃으로 찾아오는

꽃향기에 질식해 죽은 사내를 알고 있다 밤이 묵묵하면 죽은 사람의 목소리로 향기가 돌아온다 제대 위에 성배 올리듯 촛불에 심지를 돋운다 독약처럼 피가 돌고 소금기 빠져나가는 섬망이 찾아왔다

소리 향은 혈관 속을 파고든다 물관에 푸른빛이 돌기 시작하자 시들었던 떨기 꽃이 촉촉해진다 피를 먹고 자란다는 그림동화 속의 릴리는 무사할까, 죽어서도 살아있는 빛은 침묵이다

꽃나무 아래로 무덤들이 걸어 다닌다 더 이상 지금이 아닌 여기서 누가, 명랑한 입술로 구름을 먹어치운다 돗자리 위에 양다리 뻗고 앉아 나무젓가락 반으로 딱, 가르자 눈앞에서 하늘이 빙글 돈다 눈썹 위로 꽃잎 한 장이 뛰어내린다

꽃철이면 음식에 소금을 덜기도 했다 죽음처럼 빨갛다는 식인 선인장처럼 사람을 한 아가리 꿀꺽 삼키는 꽃들이 돌아왔다 로맨틱하면서도 무덤처럼 잔인하게, 쾅! 쾅! 문을 걸어 잠그는

# 행간, 행간

담장에 기대 세웠던 사다리에 불지른다 처음에는 바람을 밀면서 저를 고집하더니 삽시간에 치솟는 불길로 불춤을 춘다 한 소절이 끝나면 다음 소절로 난간도 없는 계단을 밟아 허공으로 간다

오늘은 월담, 발자국은 한 칸 위가 궁금하다 불길은 마무가내 저도 모르는 곳으로 활활, 몸을 벗는다 캠프파이어, 그것은 매혹이지만 잔혹한 행위 이해할 수 없는 방식으로 저를 살라 色도 없고 가책도 없는 소리를 보여준다

한바탕 춤이 지나가고 계단을 밟아 오른 취기는 내용을 지운다 산 것도 죽은 것도 아닌 나머지로 꿈틀대는 화기(火氣), 불꽃이 지나간 자리에 고여 있는 잿더미 손금으로 다독이며 길을 낸다 탈출구를 지운다 행간은 욕망도 없이 빈 채로 소란하다

## 너는 왜 내게 등을 보이니?

입산금지 팻말을 무시하고
정광산 비탈길로 발 들인다
가쁜 스틱이 호흡을 가파르게 끌고 간다
어휴, 무슨 산길이 낙엽으로 길을 지워놓는 걸까
바람이 나뭇가지를 들어 허공을 회초리 칠 때
왼발이 중심을 아찔, 엎지른다
호신용 내 등산 스틱이
다급하게 산을 깨운다
산등을 찌르려는 것은 아니었다
허둥지둥 공기를 찢고 낙엽을 흩으며
벼랑길로 도망치는 고라니 새끼
나는 저를 겨냥한 적 없는데
등이 슬픈 목숨이 뛴다
본능이 끌고 가는 시퍼런 맹렬
목숨을 튀기며 사라지는 발자국이다
저도 모르게 갈겼던 애인의 귀뺨처럼
달아나는 짐승의 내장 같은 공포

# 제2부

## 디졸브

매니큐어는
도마 위에서 지워야 한다는
뉴스가 한 줄 떴다

내가 한 일이라곤
한 스푼의 설탕을 휘젓다
솥에 안친 곰국을 태워버린 것,

꽃,
불의 성질로 태어나는 바람이다

# 콜링

소리는 뼈대입니까? 메아리가 지워져요
色을 벗어버렸거든요

돌아가야지요, 속절없이 몸을 밟아야 해요

작고 요염하게 달랑거렸던 귀고리, 농담처럼 흔들려요

말레이시아의 세노이 부족은 꿈속에서 호랑이 울음을 들으면 아침에 호랑이를 잡으러 밀림으로 간대요
안에서 진 빚 밖에서 완성해요

햇빛 속으로 스밀 거예요 원피스에 레이스를 달고 발목을 드러낸 채

눈뜨면 길을 잃기도 하겠지만, 그림자를 쌓다 보면 살이 오를지도 모르잖아요
뒷모습이 흐린 목소리가 등을 노크해요

함께 새끼도 낳고 살림도 살면서 살짝 늙어도 괜찮아요

양말을 신어야 하는데
아버지가 생시처럼 이름을 불렀어요

## 데드맨, 워킹!

—아웃포커스, 니콘 F4 T:1/250 F:2.8

벼랑을 등지고 허공이 허공을 받아내는 일

마른번개 끓이던 소리는 잠깐,
눈 한번 질끈 감았을 뿐인데

당신이 멈춰 선 동안은 나도 멈춰 선 사람
슬쩍, 등 떠밀고 싶은 야릇한 진심으로 왼발에 몰두하는

아무 일도 일어나지 않았는데 그때부터
이름이 사라졌습니다, 벼락나무

빛이 태워버린 나이테의 방향을 따라
산 채로 죽은 나를 나는 어떻게 증거 해야 할까요

당신은 나를 당겼다, 풀었다, 돌아서기를 반복합니다
너럭바위 아래 깎아질러 절벽
알 수 없는 저 입구가 미혹입니까

>

당신은 내일의 메아리를 기다리는 동안,
소리 끝에 쟁강쟁강 맺힐 이름이 또 있습니까?

## 흑백필름 한 통

급하게 떠나간 손이 내 손에 슬몃 쥐여준
밀서, 가방 깊숙이 감춰두었다
꼬깃꼬깃 가슴에 품어 빛바랜 흑백사진 같다
바람에도 들키고 싶지 않은 침묵

하릴없이 카메라의 셔터만 눌렀던
그의 긴 손가락은 무슨 이야기를 쓰다 만 걸까
유품 정리하다 손에 걸린 구닥다리 니콘 AF 카메라
찍다 만 필름은 돌려 감는다 케이스 속에서
쥐눈이콩 같은 알록달록 수면유도제 쏟아졌다

하품처럼 입 열리면서 아무렇지도 않게
"아침부터 저녁까지 말 한 마디 없으셨다"
말이 오가지 못하는 시간을 지나며
그는 홀로 제 살 더듬었겠다
저만의 암실에서 유서처럼 풀어쓴 음화

입술 꽉 다문 저 스물네 컷의 비문을

읽을 것인가, 말 것인가
흑백필름 한 통 체온이라 깊이, 깊이 품어
암등이 침묵으로 안을 밝힐
낡고 헐렁헐렁한 가방 속에 다시 밀봉한다

# 베네치아 우울

정오의 그림자는 현기증이다
지도 한 장 손에 들고 표지판 따라
트라토리아 쪽으로 몸을 돌린다
종이 위에 펜으로 꾹꾹 눌러쓴 밀서처럼
중세의 행간이 저절로 팽팽하다

성당의 종소리에 해가 허물어진다
비둘기들 뒤뚱거리며 솟구친다
어머나, 벌써 석양!
아무것도 읽어낼 수 없지만, 없는 것도 아닌
기억이 시간으로 바뀌는 순간

강물과 강물 사이로 집이 흐른다
당신도 일생을 물 위에 지을 생각을 했을까
베네치아, 물 주름 위에 기둥을 세웠지만
저 물길도 어디쯤에선 뭉툭하게 끊어질 것이다

누가 나를 바싹 끌어당긴다

등 뒤로 지나가는 시선이 나도 모르는 나를 본다
마음대로 윽박지르며 생각도 없이
반짝, 저물녘으로 흔들리는 물빛에 홀려
지도에도 없는 골목을 내쳐 걸었다

## 카메라는 사실이 아니다, 사실이다

한쪽 눈을 감았을 때 비로소 들어오는 풍경, 너무나 자명한 시선은 사실이며 허구다

돌무덤의 모서리에 누웠다 늙어버린 돌계단이 물컹, 온기로 만져진다 뱃속까지 뜨끈해지면서 요의를 느낀다 말초가 느닷없이 죽음을 불러올 수 있겠다

하늘 일폭(一幅) 순간, 카메라의 프레임 속으로 쏟아진다

숨 한번 길어 올렸을 뿐인데 자근자근 돌계단을 밟고 내려오는 하늘, 소리에 형태가 있다면 저런 환영이겠다 깊이를 알 수 없는 물의, 문이 열리고 저녁이 온다

육감은 시선이 모르는 언저리, 소리의 그 어디쯤이다

# 시선

누가 일합으로 각을 뜨나
한 점으로 솟았다가
하강하는 참매 한 마리
문득,
허공에 정지했다

날개 팽팽한
공기를 품고
하늘 깊이 발톱 박았다
순간,
사라지는 것들을 견디는
안간힘으로

제 다리를 끊어버리고서도
먹잇감을 노리는
저 집요의
시간,
침묵으로 할(喝), 하는 겁(劫)이다

## 날개가 색을 묻히다

날갯짓이 정지했다 사진사 K는 카메라의 스위치를 켰다, 껐다 흰색과 청색과 녹색과 붉은 천까지 배경도 색색으로 갈아치웠지만 청자 호리병의 학은 도무지 날지 않는다

천장과 바닥으로 가책 없이 튀는 빛, 짙고 엷은 그늘이 화석처럼 배경으로 쌓인다 보색의 천으로 색을 먹였지만 새는 박제가 된 정물

먹인다는 말은 묻힌다는 말, 날개에 색을 묻히면 정지했던 날개는 하늘에 다시 숨을 풀어놓을까 그것은 밖을 부려 안을 깨우는 일 날개에 색을 먹이기 위해 빛을 올려붙이는 거다

작업대 앞에서 등을 궁굴리던 사진사 K, 종말을 선언하듯 지포 라이터를 바닥으로 힘껏 던진다 영혼의 대답처럼 행간으로 사라지는 불, 빛으로 날개에 활활 色을 묻힌 새가 수직 상승한다

# 금병매는 금병맬까, 아닐까

언니는 일기장 속에 금병매를 숨겼다 오후 네 시 언니가 외출하면 나는 아슬아슬 문틈으로 고개를 밀어 넣고 침 발라 그녀를 뒤졌다 금병매를 훔쳤다 딱 두 시간, 깨질까, 깨뜨릴까, 조마조마 色을 탐했다 빨갛게 입술이 타들어가는, 나는 알고 금병매는 모르는, 시치미 딱 잡아떼는 오후는 무사했다

카메라 옵스큐라의 사진사들도 검은 보자기 속으로 머리통을 밀어 넣는다 물방울처럼 거꾸로 매달리는, 色의 윤곽을 잡아챈다 고양이 발톱처럼 빛을 할퀴는 한순간의 신기루, 사람의 속셈을 프레임 속에 박아 넣는다 한 방의 슈팅으로 한 치의 의혹도 없이 정지!

그러나 언니의 일기장 속에는 내가 없고, 카메라의 닫힌 눈 속으로는 아무도 들어갈 수 없다 사진사가 슈팅하는 그 때, 감쪽같이 놓쳐버린 한 장면 아무리 두리번거려도 깜깜하게 사라져버린, 새벽닭은 세 번 울고 언니는 반금련을 모른다, 모른다, 모른다, 세 번씩이나 부정하고

# 다시 보기

한 장씩 장미를 뜯어말려 옹기에 담아두면
언제라도 다시 볼 수 있다
더러는 거짓말처럼 향기도 남아 있잖아!
지문이 닳도록 찍었던 사진 포기했던 이유
다시 보기의 무한반복이 징그러워서였다

복재가 예술일까, 아닐까를 두고 계속 입씨름 중이다
그러고 보니 집 안엔 온통 다시 보기로 넘쳐나네
모네의 수련도 벨라스케스의 시녀들도
따지고 보면 모두가 다시 보기

요즘은 살이 쪄서 엄마를 다시 보는 것 같다고
오빠들이 놀리기도 한다
내가 조금 더 까칠하지만
그건 뭐, 광택과 무광의 인화지 차이 정도라나, 뭐라나

'이미륵'을 다시 꺼내 읽거나 '티파니에서의 아침'은
벌써 수십 번도 더 돌려보기 했다

지칠 때 한 번씩 들이닥치는 당신도
다시 보기로 저장해둘까?
밥숟갈 뜨다 말고 슬그머니 사진기를 꺼내 든다

수천 번도 가능한
다시 보기의 가벼움에 내가 왜 시뻔 들릴까
서랍을 정리하다 툭, 떨어진 필름 한 통
그를 다시 불러올까, 불러올 수 있을까,
시간이 포개놓은 그늘의 두께를 재는 중,

## 결정적 순간
—쌩라자르 역 뒤에서

비 갠 날 오후 햇빛은 쨍, 바닥은 흠뻑 젖어 그림자 짙다 지금은 세상이 정지한 시간 발바닥과 발바닥을 마주 대고 한 남자는 날고, 한 남자는 땅속으로 파고든다 한 발은 공중으로, 또 한 발은 살짝 땅을 벗어나서 새처럼 날았던가, 바람처럼 가볍던가, 저 남자 흙탕물 튕기면서 엄마야, 바닥으로 곤두박질치겠다

카메라의 속도는 일 초를 몇천 번으로 쪼개어서 한순간 정지! 가끔은 이런 시간 혹시, 내가 사는 지금이 아닐까 어느 별로 가야 하는 길목에서 찰나, 나는 새끼를 낳고, 이별을 하고, 먹고, 자고, 팔다리 흔들면서 영원을 사는 것은 아닐까

여기, 한 남자가 끊어진 다리 위를 껑충, 뛴다 인화지 밖의 시간은 저 남자의 추락을 본다

## 오늘 문장의 마침표를 찍으신

나비 날개에서 국화꽃잎까지가
눈 깜짝, 사이
스위치 ON 미끄러져 들어간,
저건, 한 생이 빠져나간 자리다
한 아가리 꿀꺽 집어삼키는 화마 속에서도
두개골은, 엉치는, 팔과 다리,
뼈마디 고스란히 살아남았다
곱게 빻으면 딱 한 줌이나 될까
새벽녘에 엎드려 불 댕기셨던
담배 연기 가만히 주저앉은 것 같다
한 생애 딱 한 목숨 실컷 부리다
단도로 직입하듯 성깔 부리듯
서슴없이 제 몸 무너뜨린 거다
앞장도 뒷장도 남기지 않고
너무나 명쾌해서 어이없는 문장이다
나는 저 말씀이 떨어뜨린 한 줄 비문
휘어진 왼발가락을 닮았다

## 기일

아기가 두 손을 배꼽 위에 포개 얹고 허리 꺾어 절하는 배꼽인사 그것을 나는 스무 살에 배웠다 "허공에 뿌리내린 부초 같아요" 손에 쥔 것이 아무것도 없을 때 아버지는 호신용 무기를 안겨주신 거다

젠자브로니카, 총알을 장전하듯 120밀리 롤 필름을 끼워 넣은 채 양손으로 들어도 묵직하던 카메라, 반사거울 아래쪽으로 젖혀져 다리에 힘을 주고 머리 숙여 렌즈에 집중을 해야 했다

그것은 세상과 정면으로 겨루는 자세 그날부터 고개 숙여 움직이는 세상 앞에 섰다 총구를 드러내며 내 앞에 저를 세웠다 프레임 속으로 쏟아지는 빛의 음각들은 세상이 부려놓은 자욱한 무늬들 시시각각 변하는 부재의 증인처럼

그러나 날카롭게 할퀴는 빛의 장면들은 생각보다 눈앞에서 오래 머물렀다 이삿짐 풀다가 툭— 떨어지는 젠자브로니카, 배꼽 위에 얹어놓고 그때처럼 허리 수그려 아버지— 과녁을 향해 나머지는 아득하게 물러선다

# 한강이 없어 어떡하지?

발뒤꿈치 가려워서 강으로 간다
지느러미 반짝이면 곶과 마루로 서는 땅
몸이 몸을 밀고 나간다
시퍼렇게 허리 틀어서 자기 생을 굽이친다

발목 풀고 운동화 끈 조여서
고수부지 길 걷고 돌아오는데
깜짝이야, 들숨과 날숨 사이 밤이 왔다
그물막에 붙었다 떨어지는 불빛
밤은 모르는 척 어둠을 끌고 와서 천지를 밝혔겠지만

마른번개 세 번 치고 기념일처럼
누가, 내 집 송두리째 뽑아 비닐에 둘둘 말아
상자에 담는다 등짝에 살림 떠메고 간다
저벅저벅 한강에 발 빠뜨리는, 누구세요?
해거름마다 내 발목 시큰하겠다

# 봄날의 산보처럼

카메라의 눈 활짝 열고 밤을 건넌 적 있다 그날따라 암실은 텅 비어 필름을 릴통에 감는 동안에도 내내 손끝이 떨렸다 색(色)으로는 건널 수 없는 음화(陰畵)가 문득, 상(像)으로 일어설 때, 갑자기 요의가 몰려왔다

사물들이 관절을 펴고 눈을 틔운다 핀셋으로 인화지의 귀퉁이를 잡고 현상액을 흔들 때마다 배경으로 떠오르는 캄캄한 하늘 느티나무 한 그루 전생인 듯 환해진다 봄날의 산보처럼 나비 날개 한 점 흘리고 지나간 자리

그 속에 그 위에 그 안에 보이지 않는 누가, 메아리로 돌아설 것만 같아 성큼 들어서지 못했던 그때, 그 자리로, 그러나 왠지, 가끔은 다정하게 불러내고 싶은

가령, 내 뒤에서 나를 따라 내가 되고 싶어서, 막대사탕처럼 울기도 하는, 땅거미의 시간에, 한철 꽃처럼, 햇빛처럼, 터졌다가 어둠 속으로 사라지며, 밥 먹어라! 나를 불러 세우는, 등 뒤에서 누가,

# 방심이 좋다

선물로 받은 미니장미 화분 손바닥 위에 가볍다 모가지에 빨간 리본 맨 나비 키스처럼, 약식으로 오고 가는 신사협정 이건 쪼그맣게 반짝이는 반지, 달랑달랑 목걸이, 머리꼭대기에 착 올라붙은 꽃핀, 팔십 일간의 세계일주 티켓,

좋다, 당신의 고백이라 치고

손가락에 반지를 꼈다 뺐다 오호, 어디에 목걸이를 숨겨둘까 서랍 열었다 닫았다 뒤돌아보면서 머리핀은 이대팔 가르마 바로 밑에 찔러 붙이고 매일 물 주고 종일 만지면서 뿌리를 흔들어 확인하면서 하루에도 몇 번씩 눈독 들였더니

무슨 반지가 이렇게 헐거울까?

몸속에 차곡차곡 핏물 고이듯 스스로를 물어뜯어 자해하듯 꽃 이파리 병자처럼 누렇게 떴다 종아리는 파랗게 혈이 막혀서 시선, 시선, 너무 많은 햇빛, 물, 바람, 뿌리의 비명 미시박 늘숨처럼 흙을 들고 일어서는

# 목련이 피었는데 죄나 지을까

하필이면 당신 방 창문 앞에
펑, 폭탄처럼 귀신처럼
허공을 말아 쥐는 나의 몰입
그것은 유혹이 아니라 발정이다
얌전하게 입술 다물어 발음하는
봄 따위, 난간 위를 걷는 고양이 걸음으로
한바탕 미치면 미치는 거다, 뭐
오늘이 세상 끝나는 날이다 몸을 열어
한순간에 숨통 끊어져라 하얗게 할퀴는
꽃, 곱게 미쳐서 맨발로 뛰어내리는데
모가지가 허공에 줄을 맨다

# 제3부

# 우연한 사후

아버지의 모자는 랄프로렌 폴로, 사랑은 언제나 한 발 먼저 나가거나 머뭇거리지 나 주먹 쥐고 세상에 나와 앙, 울음 울 때 양동이째 백합을 사다 날랐다는, 엄마가 살짝 질투하기도 했잖아

무릎은 네 차지였다 기대가 없어서 평온했던 지옥, 이유를 모르는 스페셜 케이스 영정 앞에서 오빠 셋이 두 번 절한다 출가외인은 나머지로 절,

어디서 사들였을까, 딱 떨어지는 멋쟁이 주머니 꽉 다문 서랍 속에 모자가 수북하다 내게도 어울리네 도리우찌에 중절모까지

거울 속 아버지가 고개를 갸우뚱한다 나도 사후의 내가 궁금할까 아버지를 썼다 벗었다 모르는 척, 팽개친다

## 서쪽으로 한 뼘

왼쪽으로 누워 잠드는 버릇이 있다
밀리고 눌린 자국 문신처럼
팔자주름 지고 눈 밑 캄캄한 기미까지 올라와서
오른쪽과 왼쪽은 완전히 딴살림 났다

점쟁이는 나더러 서쪽을 환하게 밝히란다
나는 서쪽 대신 불면을 발목에 걸고 쏘다닌다
누가 딴지 걸어 어라, 넘어지면 그 자리에
눌러앉아 꽃잎 한 장만큼 잠들다 오곤 한다

왼손잡이 막내 오빠 연애편지 휘갈길 때
쉿! 이건 비밀인데, 손가락 빨면서
엄마 경대 앞에서 거울아, 거울아, 어린 마녀처럼
왼쪽으로 입꼬리 살짝 올려붙여 웃는 연습을 했다

언제부터일까 왼손가락을 쫄쫄 빨면서
나머지 한 손으로 왼 젖꼭지 살살 어르는 버릇
지금도 바른쪽은 도무지 느낌 없다

그러니까 내 나라는 오른쪽이 무너진 반쪽

무병 앓듯 내 몸은 일생 왼쪽으로 휘고 있는 중
누가, 팔을 뻗어 동쪽 하늘로 나를 들이네
못 이기는 척 뼈를 세워 그 깊이를 재다 말고
나는 왜, 한사코 왼쪽을 석양이라 우기는가

# 성당과 호떡

내 주먹을 믿어라, 는 우리 아버지 종교다 하늘 아래 오롯이 손금 하나 감아쥐고 돌멩이처럼 한 생을 건넜겠지만, 엄마는 성당 근처 얼씬도 못했겠지만, 천만에 우리 엄마 주일이면 아슬아슬 까치발로 동창회다, 마을 계추다, 개나리회다, 미끄러지듯 아버지를 용케도 따돌리셨다는데,

무슨 바람질도 아니고 미사 마치자마자 허겁지겁 돌아오는 길 찜찜한 마음에 꿀 호떡 한 봉지 사서 아기 젖 물리듯 아버지 입속에 얼른 한입 물렸다는데, 아슬아슬 천주께로 가는 길 숨 턱, 막혔다는데

언제부터 우리 아버지 일요일 아침이면 "진아! 호떡 사온나", 선심 쓰듯 엄마를 밖으로 내몰았다는데, 호떡 사러 성당 가는 기분은 뭐랄까, 사랑이냐 자유냐 호떡이냐, 아버지 영정 앞에서 아들 딸 동그랗게 모여앉아 그것도 고민이라고 성당과 호떡의 진실을 놓고 밤이 가고, 오고, 또 가고…….

# 진아,

아버지는 엄마를 진아, 불렀다 여보도 아니고 당신도 아닌 진아! 오빠들의 이름 끝 자를 딴 엄마의 별칭이다 진아, 손가락 빨듯 주머니를 홀치듯 아버지가 엄마를 잡아당기는 속내 빤했다

배고플 때 재떨이 필요할 때 물 마시고 싶을 때 제사 지낼 때 회장실에 휴지 떨어졌을 때 주머니 속 텅 비었을 때……

우리 아버지 진아, 앞에선 평생 손가락 까딱하지 않았다

어느새 늙어 꼬부라진 진아! 지팡이 짚고 아버지 앞에 섰다 지금이라도 진아, 부르면 늙은 엄마 "예" 하며 벌떡 일어설까, 코앞에 대령할까

장례사가 아버지 몸 이리저리 굴리면서 비단옷 손과 다리에 꿰는 중이다 입술 조금 당겨 웃는 듯, 응석 부리듯 우리 아버지 죽어서도 진아! 태평하시다

## 위노나 소혹성 B14좌의 기억들
—엄마를 위하여

성당에 들러 미사를 마쳤다, 신앙 제대가 없는
성배를 찾아 광야로 나선 적 없지만
일상의 협곡들은 약속 없이도 자라나는
사막의 뿌리식물 같았다
먼 데서 오는 우레처럼 골짜기 급류처럼
거침없이 드러나는 길
숱한 체념의 순간들이 굉음으로 폭발한다
알 수 없는 힘으로 불쑥 나타나는
하늘 안쪽 일곱 번째 방
꼬깃꼬깃 접어 간직한 그것은
거룩한 무관심과 완벽한 외로움이다
침묵이 길어지면 손가락은 더욱더 뭉툭해졌다
버릇처럼 손금을 문지르다 보면
지문이 뜨겁게 닳아 재로 흐를 테지
기도는 세상에서 가장 부질없는 제사
위노나 소혹성 B14좌 어디, 간이역에서
방금 해를 등지고 헤어진 행성의 긴 꼬리
두 번째 칸에 앉아 머리카락 쓸어 올리다 말고

그가 사는 쪽으로 고개 돌리곤 한다
아마 피아노를 치고 있었던 거야, 그가
남쪽으로 그림자를 길게 늘이고
반백년을 한 소절로 힘차게 끌어당기네
밤의 시간도 물처럼 따뜻해라
그러나 이제는 순하게 달을 건져 올려야 하네
죽어서도 요만큼은 문 열어놓고, 하마터면
무명지 닳도록 뒤돌아보는

# 참빗은 너무 아프고 도끼빗은 너무 성글어서
—노사의 슬픔을 함께하며

빨갛고 파랗게 불 깜빡거렸던
뇌파 장치를 떼어내자
친구는 딸아이 머리부터 빗긴다
사십구 일째 중환자실 침대에서 잠만 자는,
기름 지고 떡 져서 뭉치고 얽혔던
머리카락 한 올 한 올 풀고 다듬고
가위로 오린다 머리 꽃핀 찔러서
얌전하게 귀 뒤로 넘겨서
눈만 반짝 뜨면 되겠다

참빗으로 뜯어낸 머리카락
쓰레기통 수북하다
마지막 호흡, 마른 숨처럼 푸석푸석하다
몸을 떠나 미련 없는 저것들
어디로 가는 걸까, 보낼 것인가
저 딸년 도대체 낮술도 아니면서
백주에 어디로 가겠다고
서둘러 쾅쾅 문 닫아걸었다

밖을 모르는 안의 걸음이다
엄마라는 이름도 들어설 수 없는,
참빗은 너무 아프고 도끼빗은 너무 성글어서

## 꽃아, 울어라!

—걍 고모가 찬영에게. 20140716.

이것은 소인국의 빅뱅에 관한 이야기다
채우고 비우고 아주 단출한
몸짓으로 완성되는 세상에 각주를 다는 일은 부질없다
일상을 거두절미하는 방식의 반복은
서사의 구조상 지루할까, 아니다 그사이
명왕성이 사라지고 고양이가 몸을 궁굴리고

또 그 틈새로 꽃들이 왔다 돌아가는 먼 길이 있지
어제는 주먹 쥐고 세상을 깨운 지
팔십구 일째, 여전히 옹알이를 마다하는
너는 어쩜 과묵한 성격이겠다
거울 앞에서 어미와 새끼가 처음으로 눈을 맞추는 시간
눈으로 서로를 익히는 동안에도
너는 말아 쥔 주먹 속으로
무궁으로 출렁거릴 손금을 긋는 중

제 모습을 뚫어져라 들여다본다
듣는다, 타인처럼 누가 다녀갔을까 소리를 봉한 밀서

눈꺼풀 위로 밀어닥치는
잠, 그러는 동안에도 토닥토닥 등을 다스리는
어미의 어미의 어미가 불렀던 자장가가
대를 이어 네게로 밀물 지는구나

어느새 숨 고르고 잠들었느냐,
제비꽃의 순한 말과 연보랏빛 수레국화 입술 사이
문득, 어디까지 살았더라 두리번거릴 때
느닷없이 하늘을 흔들어 깨우는 울음소리
귀에 바짝 붙여 듣곤 한다, 꽃의 전언
울음으로 세상 문을 열어젖히는 저,
막무가내 완성의 폭발

# 꽃, 다시 와서 아프다

뼈마디마디 나른하게 길가 풀섶에
고양이 한 마리 앞발 뒷발 꽃잎처럼 포개 누웠다
저, 아지랑이 못갖춘마디 얼룩이다
한때는 제 몸을 날라서 먹이를 구하고
새끼를 낳고 세상을 할퀴었겠지만
저건 짐승의 쉼표, 벌써 일주일째
밤마다 죽은 아버지의 맨발이 포개진다
잠이나 실컷 재울 속셈으로
흙 몇 삽 떠내고 구덩이 하나 팠다
빈손으로 가볍게 주검의 무게를 받아
땅속에 꽃씨 하나 다독다독 묻었다
꽃 한 송이 자장자장 재웠다
순한 짐승의 숨소리
꽃은 잠의 물관을 빨아 다시 돌아오겠지만
동네 사람들 약속이나 한 듯
오늘은 언 땅 뒤집어서 흙 갈아엎는다
무릎에 흙 털고 아픈 허리나 짚고 일어서는데
말랑해진 흙에서 사람의 살 냄새난다

# 사막인

세면대 위에서 발 씻다가 넘어져 죽은 사내를 안다 돈 많은 한 친구는 바지 갈아입다 방바닥에 미끄러져 갈비뼈가 부러졌다 미혼모 희정이는 친구들 중에 얼굴이 제일 보글보글하다 립스틱에 샤넬 백을 둘러 멘 노파는 어쩐지 희극적이다

한성여고 뒷길의 바바리 맨은 집 나간 아내의 전단지를 손에 꼭 쥐었다 아날로그 카메라를 고집하는 종원이는 코닥이 문을 닫자 사진을 접었다 동정(童貞)을 약속했던 애인은 유부남이라네, 유산으로 받은 통장 비밀번호는 왜 아까부터 오류가 날까?

서랍 속에 숨겨둔 보석상자만 달랑 들고 달아난 도둑놈은 대박 난 거다 사랑을 따라 야반도주했던 꽃아, 산보나 갈까? 바람이 불어 외로울 때는 뒷걸음질로 모래 위에 찍힌 내 발자국 밟으러 간다

## 누가, 입술로 안녕을

형제섬의 내력은 비릿한 서풍이다 내가 정말 살아서 울고 웃는 것이라면 나는 오른쪽으로 버려진 거다 그러니 죽음은 왼쪽으로 기우는 일 해안선은 왼편으로 심하게 굽어졌다

먼 바다에서 큰 파도 일고 내 몸 왼쪽으로 쏟아졌다 그때마다 비워지는 오른쪽 기억은 미열처럼 몸속을 파고든다 그린크루즈 뱃머리는 섬과 섬 사이를 빠져나간다 끝도 없는 뱃길, 어떤 이름이 시작한 걸음일까

햇빛에 저녁이 섞이는 때
딸년 놓치고, 언니 보내고, 아버지 잃어버린 여자들끼리 괜히 킬킬, 기러기 울음을 웃는다
어쩌자고 바다는 육지를 매달고 밤으로 내달리시나 서쪽으로 돌고 돌아 다시 형제섬, 배들은 만선이다

## 보시

뭐, 둘이 한 짓도 없는데
꽃잎이가 보시를 한자로 써보라고 하네요
글자가 도무지 생각나지 않아서
무릎을 귀 밑까지 끌어올렸습니다
사나흘 아니 백일홍이 팔백 번 왔다 가는 동안
양푼에 밥을 비비면서도
아스라역 사거리 신호대기 앞에서
발끝으로 보시를 썼다 지우고
긁힌 못 자국처럼 모르는 길로 발 들이는데요
주머니에 손 찔러 넣고 걷는 내게 누가
손 내미네요 이별이랑 보시랑 마구 섞어서
왜? 라는 질문보다 그래, 로 대꾸했던 그때처럼
주머니 탈탈 털어 손바닥 위에 손바닥을 겹쳐줍니다
지는 싸움에 대해, 져주고 싶은 마음으로
가볍지도 무겁지도 않은 꽃잎이를 덜어냅니다
마주 서지 못했던 질문이 오늘 내게 보시 합니다 布施,
붉은 낟장들이 떨어지면서
뒤로 걷던 걸음이 비로소 봄을 뒤집습니다

# 패러글라이딩

낙하산과 헬맷과 하네스를 꾸려
사내는 한 발 한 발 정광산 꼭대기에 올랐으리라
무작정 경계를 넘어가고 싶은 저 속내
물오리처럼 종종걸음으로 공기를 덥히고
헛발질로 허공에 발바닥을 새긴다
날개 끝까지 핏줄을 세워
지금은 비상하는 새의 시간
시계가 멈춘 세상에는 더 이상 집은 없다
바람의 등을 타고 낙하의 방향이 조정된다
이마에 구름을 찍고 깜빡, 하늘이 지나간다
온몸으로 사방을 밀면서 문을 열다 보면
바닥이 하늘로 빙글, 돈다
새점을 치던 발자국들 모두 어디에 풀어놓았을까
바람이 몸을 뒤집자 급하게 몸을 내리는
하늘이 한 점으로 정지했다
달팽이처럼 집을 떠메고 떠났던 사람
땅을 박차고 허공 속으로 힘껏 몸을 날렸지만
발바닥은 땅 위에 그림자부터 심는다

우습지 않은가, 중력처럼 집으로 끌려가는 발바닥
거기서부터 하늘은 시작한다

## 플랫슈즈는 말랑하다, 비리다

물구나무서기의 요령은
중심을 온전히 아래로 내려놓는 것이다
바닥에 뿌리박듯 머리 내리고
양다리를 들어 올려 몸을 세우면
세상이 거꾸로 선다

물에 빠졌을 때 밀어닥치는 공포
바닥에 발바닥이 닿지 않기 때문이다
부력을 이기면서 바닥을 치는 몰입
목숨 걸고 물 위로 솟구쳐 오르는 동력이 된다

어느 인디언 부족은 사냥감을 눈앞에 두고
아이와 아내가 굶고 있다고 애원한다
화답하듯 짐승은 순하게 눈을 슴벅거리며
선선히 화살을 받는다고 한다
고요가 고요를 수락하면 바닥도 열린다

무한 천공을 움켜쥔 독수리 한 마리 하늘에는

그림자 하나 심지 못해 발바닥은 쉴 곳을 모른다
먹이를 잡아채려 곤두박질치는 순간,
땅 위에 뿌리내리는 단단한 그림자

누가, 나더러 지금 바닥이라고 일러준다
손바닥에서 손금마저 지워졌다는 말씀
그러나 바닥은 바람난 남편이 죽은 아내에게 돌아가
무조건 등부터 갖다 붙이는 자리
바닥이 바닥을 받아줄 때
무사하게, 무사하지 못하게 돌아갈 집이 보인다

# 신은 아홉 벌의 옷을 껴입었다

부재중 찍힌 전화가 아홉 번
연락을 할까, 말까 망설인다
아홉은 내가 아는 완전수
그녀는 아홉 벌의 옷을 껴입고 다섯 번의 봄을
백골로 살았다 부산진구 초읍동의 한 빈민가
쪽방에서 겨울을 넘기기 위해
방 안에서도 목장갑을 끼었다 아무도 찾지 않는
집, 손수 보일러도 끄고, 전등불도 끄고
혹한이 들어오실까, 구멍이란 구멍은 죄다 틀어막고
문이란 문 죄다 닫아걸었다
무덤처럼 동그란 공간 속이 따뜻해라,
아홉 벌의 옷이 일으키는 정전기처럼
수돗물 똑, 떨어지는 소리에
몸이 조금 움직였으려나 먼지처럼 소리가 일어서는
집, 이 방 저 방 기웃거리면서
백골이 될 때까지 살았다
머리 가르마처럼 반듯하게 누워서
옷 벗겨줄 사람 없어

아니다, 아홉 겹의 옷을 벗기려면
너무 수고롭겠다, 제 몸을 제가 염했다
처음부터 내 것이 아니었던 듯
저에게 저를 송두리째 버렸다
'잘 있었어?' 아홉 벌의 옷을 벗겨내자
'잘 있어요' 최후로 달싹, 거리는 백골의 입술

# 생각으로 오는 붉은,

단발머리 혜지가 그림을 그린다
가지에 바람을 매달고 이파리를 올려붙여서
높은 하늘까지 나무를 키운다
생각으로 나무에 꽃이 피는 나라

단풍이니? 내가 묻고
혜지가 대답한다 몰라요 혜지는
가을을 모르는 여덟 살 여자아이
기억은 털이 없는 이상한 짐승
나무는 빨간색 외투로 비밀을 입었다

구름 위로 다 자라버린 나무
어디까지 가는 건데? 다시 묻고
혜지는 등을 동그랗게 말고 앉아
하늘에도 바람이 불어요?
잘근잘근 손톱을 씹는다, 뱉는다

소실점을 모르는 아이의 울음이다

크레파스 뭉툭하게 끝이 닳았다
우듬지 끝에 앉아 글썽거리는
쥐눈이콩 같은 눈이 삶을 의심한다
붉은 바람, 죽은 아빠 발자국이다

# 새는 불을 매달고

살얼음 진 강물 모서릴 붙들고
새들 물속으로 몸 기울인다
부리에는 차가운 불을 물었다
날갯죽지 착 접어 작은 공처럼 깍듯하다
원경에서도 예를 갖춘 저 한 컷,
무리 지어 앉았어도 근처가 없다
그러고 보니 이월을 몇 발짝 남겨두고
철새들 어느새 돌아갈 시간이다
저절로 왔다 가는 저 물상들 앞에서
갑자기 왼쪽 발가락 가렵다
어제는 신발을 뒤집어 털다 햇살을 밟고
먼지들이 발발 기어 나오는 것을 보았다
겨울이 덜컹거리며 뒤로 밀린다
얼음 위의 공들 무사할까, 몸속에 불을 매달고
스멀스멀 백회가 열리는 시절이다
하늘 안쪽이 헛기침으로 밝히는

# 제4부

## 절정

꽃피는 거 무서워 도망치는 밤 너는 꽃이더라, 나비더라, 찢어진 족보 같은 날개를 팔랑, 버리고 버려지면서 팔다리 흔들어서 강 건너 불빛까지 흘러 흘러서 그림 속 원경으로 흐리게 번지면서 밖으로 물러서면서 열나흘째 밤하늘의 허기를 넘어 정점에서 저절로 숨을 막고 손을 놓아버리는 장대높이뛰기 선수의 꿈처럼 죽어서야 피어서 꽃으로 오나 반만 가면 지워지나 꽃잎 한 장으로도 허공을 날아서 흐드러져서, 하늘은 빙글 돌아 별을 밟고 서서……,

# 물방울, 리플레쉬!

넓고 푸른 잎사귀가 여름을 쌈 싸네
물에 흔들어 이파리를 씻는데
표면에서 물방울이 굴러떨어진다
도무지 안쪽으로 밖을 들이지 않는다

귀가 들리지 않는 애인을 둔 적이 있다
뒷모습이 아름다워서 내가 먼저 휘파람 불었다
골목을 돌아나가는 뒤태에 화들짝,
소리쳐 이름을 불렀지만 그가 뒤돌아본 적 없다

그런 날 그를 끌고 물속으로 들어갔다
소리가 들리지 않는 나라라서
서로에게 스미지 않아도 괜찮았다
물방울처럼 따로따로 공기를 머금었다

물을 물로는 씻을 수 없는 것,
부정으로 남는 의문이 꼬리에 꼬리를 물었다
연잎에 물방울을 가두기란

문 앞에서 쾅, 쾅, 잠긴 내일을 두드리는 일

각개전투 하듯 본능을 털어낸다
저조차도 제 속으로 들이지 못하면서
나를 가두었던 애인을 돌돌 말아 냉동실에 들인다

# 애인 코스프레

너를 닮은 입술 찻잔이다
만지면 말랑, 지문 찍히겠다
냉큼 허벅지 안쪽으로 끌고 들어왔다
어떻게 깜깜하게 숨겨놓을까, 궁리하다가
장미나무 찻장을 새로 들여놓기로 했다
벽지도 은은하게 새로 바꿔야지

네가 이상하게 변했잖아,
광물성의 목소리가 툭, 툭, 깨진다
네가 나한테 이럴 수 있어?
북적거리는 24시 뼈다귀 해장국집에서
꽂다발로 쏟아지는 대사는 19금이다
여기서 이러시면 안 되지요,
주인장의 목소리는 차라리 비굴하다

과녁을 향해 치닫는 욕설은 신음이어서
주위를 사소하게 물리친다
눈에 뵈는 게 없구나,

턱을 치켜세우고 옆구리에 양손을 얹었겠지만,
내 눈에도 보이는 것은 너다

아버지도 버리고, 처녀도 버리고,
그러나 그것은 전생부터 따라붙은 나의 오랜 습성
주막만 한 찻잔 하나 손에 들고
야생으로 따라나선 땅, 그러나 왜
너는 없고 나만 우두커니
찻잔이냐 찻장이냐 입술만 달싹거리는

## 커피 한 잔, 이라고 그가 말했다

계단은 나선형으로 천천히 회전한다
여자는 남자의 뒤를 살짝 비껴 걸었다
커피의 쌉쌀하면서도 신맛을 떠올리는 숨소리가
공기방울로 계단을 타고 내린다
계단은 가파르고 먼지보다 가볍게 가라앉는 침묵
힐끗, 돌아다보는 동공이 유난히 까맣잖아,
헝클어진 머리에 무명 끈 동이고
줄무늬 까만 셔츠 위 단추도 풀었네
어딜까, 빵 굽는 냄새가 쇄골에 고인다
그는 한사코 아래를 향해 발을 딛는다
거기가 아닌데, 손사래 칠 틈도 없이
손이 와서 덥석 손을 잡는다
벽 뒤의 사람들은 음모처럼 명랑하다
여자는 시퍼렇게 눈을 뜬 채
에티오피아 원두를 그라인더에 가는 꿈을 꾼다
누가 쇠종을 흔들어 소리의 길을 낸다
모두 말을 했지만 함께 침묵하는 여기,
철컥 맞아떨어지는 손금으로

그가 입을 열어 딱 한번 말을 건다
티스푼 위에 각설탕 하나 올리자
구름이 장례행렬처럼 낮게, 낮게 흘러간다

# 체스

흰 말 어디로 뛸지 몰라요
손가락이 궁리 중인 묘수 끝에
망설일 틈도 없이 앞만 보고 달렸겠지만
아직도 여기, 오늘이네 골똘하게

말들이 모자를 썼다 벗었다 해요
여전히 키 작은 저 남자
어휴, 무슨 모자가 저렇게 많은 걸까
그런데 앗! 하는 순간
눈치 볼 것도 없이 그렇게 몸 버리시면
가벼우세요? 간단하게 판을 깨버리시네

젓가락으로 세 번 상 두드리고
엎드려 절하고 지방 태워서 죽음을 증거 해봐도
게임의 룰은 엄격해서요
잠깐 죽었다 되살아난 킹, 발은 어디에 둘까

길 위에서 발목은 길을 잃고 접질렸어요

결심한 듯 청명한 하늘은 지루해서요
허방 속에서 그림자를 건지시려나
검은 말 다리를 움직여서
달려요, 죽어서도 앞서거니 뒤서거니

# 페르마타

인수봉 숨은 벽을 타고 내려오다
선등(先登) 몰래 한 발짝씩 자꾸 뒤돌아본다
대장은 나더러 경계성 강박증이란다
어제의 산국(山菊)은 오늘의 산국이 아니라는 것
알지 못하면 산 타는 일 포기해야 한다

인수봉에서 하늘까지는 딱 한 뼘
길 세워 길 지우고 걷다 보면
행성의 꼭짓점까지 한 걸음이다
파노라마로 펼쳐지는 산 아래 마을은 아찔,
죽어서 들여다볼 환(幻)처럼 소리가 없다

두고 온 것들 생각하지만
발아래 개미는 등에 잔뜩 짐을 지고 맴돈다
나도 링반데룽에 걸려 온 길 뒷걸음쳐
되짚어보는 버릇 몸에 익었다

그 길 어딘가에 가볍게 흘려놓았을 한 점 날개

목젖에 걸려 까맣게 기우는 해,
누군가를 슬쩍 버렸던 몸의 기억이다

# 못, 준다

연애 고수에게 비결을 물었더니 잘 주고받기란다 피구 게임에서도 몸을 살짝 뒤로 빼면서 공을 받아야 하는 것처럼 주고받기만 잘하면 쇳덩이라도 가벼운 법이라는데,

나무껍질처럼 생긴 목수 아저씨 못 하나 입에 물고 한참을 중얼거린다 장미나무 찻장을 앞에 세워놓고 "꽃 줄게, 꽃 받아라" 문짝을 달랜다, 나무의 결 따라 못질한다

심하게 어깃장 놓던 장미 찻장이 거짓말처럼 부드럽다 못은 망치로 때려 박는 것이라는 고정관념이 깨지면서 당신아, 어쩌자고 우리는 몸을 주고받아 새끼를 나눠 갖게 되었을까

그나저나 눈 깜짝할 새 방바닥에 쓰러져서 돌아가신 아버지 어디 가서 도로 몸을 받아 오나 너를 덜어 나를 채우는 여기, 꽃잠이 밀려와서 하품한다, 생글거리며 횡격막을 연다

## 태양춤

목에 둘렀던 붉고 긴 스카프 자동차 바퀴에 걸어둔 채
절벽을 긁고 가는 짧은 해 본다
한 호흡으로 몸을 꺾어버리는 몰입의 무용수
그런 집중으로 발끝 곤두세우고
집으로 돌아가는 길
처음부터 거기가 제자리인 듯
키 큰 나무 가지 끝의 붉은 해
종일 제 몸 하나로 뜨거웠던
일평생이 하루로 건너가는 중이다
오늘을 통과하는, 저 무사하지 못한 포만의 불안
고요하게 눈썹 쓸어내리며 기화해버리는
불덩어리 앞에서 한 짓이라곤
신발 끈 고쳐매고 동쪽으로 등을 돌렸을 뿐
질문도 넘어선 저기가 내 집인데
까치 소리 이어졌다— 끊어졌다
어둠이 붉고 긴 혀를 내두르며
민 불빛의 목을 끌어당긴다
내 집은 차바퀴처럼 뜨겁게 공회전한다

## 봐라, 초승달이 떴다

달은 살을 파고들었다
그럴 때마다 나는 뿌리를 캐듯 달을 깎았다
딱딱하고 까맣게 죽어서
잘려 나오자마자 바스러졌던
달은 제 모습을 숨기고 싶었던 모양
온몸을 살 속에 파묻는 중이다
아파? 까맣게 죽은 살을 후벼 파며
쇄골 속으로 첨벙, 침몰하는 달의 파편들
빛을 기대한 것은 아니었지만
달과 살이 함께 집혀 검붉은 피가 돌면
아, 하고 검은 구멍이 입을 벌렸다
포로처럼 내밀고 있던
발가락 다섯 개 중 성한 것은
달이 파고든 엄지발톱뿐
제멋대로 자라버린 나무뿌리 같은데
애야, 요즘은 안 아픈 뼈가 없구나,
한 가지 생각만으로 거칠어질 때
뿌리는 죽어서도 자라는가

고통이 부끄러움을 넘어서는

저기, 깜깜한 살을 파고 초승달 떴다

## 햇빛으로 긁었다

구닥다리 당신은 한물간 애인이다
손끝으로 풀었다 장전하고 다시 되감는
동그란 통 속의 돌돌 말린 백지
한때는 몸속 깊이 품고 다녔다
잊을 만하면 치받곤 하던 위통 같은 것
실금을 긋듯 온몸에 햇빛 상처를 내는 것으로
너는 침묵을 깨곤 했다
애인의 손톱으로 긁어 만든 음화는
암실에서만 피는 꽃,
비밀은 암등 아래서 천천히 해독되었겠지만
이스트만 코닥사에서 더 이상
필름을 제작하지 않는다는 소문,
내 유적 같은 저 애물단지를 내다 버려야지
가슴을 열어서 감고 풀고 지지고 볶을 것도 없이
손가락 하나 까딱 하면
젊은 애인이 서슴없이 몸을 연다
날카롭게 긁힌 등을 쓸어주어도
도무지 치받치고 긁혔던 여백이 없어

더 이상 만질 수도 없는

당신의 마음 안다, 이별이다

# 목련은 흰 피 동물이다

악마의 마을에서 방금 도망쳐 나온 흰 피 동물이다
웃지도 울지도 않았다 때로는 달빛으로 양식을 대신하며
그는 마당 안쪽을 시퍼렇게 물들였다

그가 잠들었던 북쪽 방에는 볕도 들지 않았다
밤에도 흰 그늘이 소복했다
침묵이 어둠으로 가라앉던
그곳에 가끔씩 소리가 찾아오곤 했는데
태엽만 감아주면 빙글빙글 돌아가는 오르골 인형이
소문을 끌고 골목 안을 쓸고 다녔다

제 스스로가 부적이 되어 액막이처럼
지나가는 바람에도 몸을 비틀던
그는 모질게 주위를 물리쳤던 상처족
햇살이 솜털로 가느다랗게 일어서는 오후
등짐 하나 달랑 메고 우리 집 대문을 밀고 들어섰던가

뱃속에 아기를 품었던 거다

욕망을 하면 쇼크가 오는 슬픈 짐승
한사코 북쪽으로만 꽃망울을 맺었다
헛기침처럼 오는 발자국에 꽃 모가지 떨구면서
빈 가지 움켜쥔 손 혼자서도 떨었다

그것은 소리의 향을 밟고 오는 통증
내장 환하게 흰 피로 가득 채운 넓고 하얀 꽃 이파리
유빙처럼 흘러왔다 떠나버렸던 봄밤,
길목 어디쯤에서 한번은
만났던 것 같기도 하고 아닌 것 같기도 한

## 바람 박물관

나무판과 나무판 사이 그 간극 위에
각 없는 지붕 하나 달랑 올렸다
헛것으로 채워진 헛간
문 없는 문 속으로 발 들이민다
조각조각 틈새로 스미는
빛의 잔상, 몸 없는 몸들이 쏟아진다
눈 감고도 환한 집

자명한 대답 속에 서 있는 거다
무채색의 덩어리 한 채
바람은 우연히 제 몸집 부풀린다
빛과 어둠으로 얼룩진 바닥
제 목청껏 우는 울음소리에
바람은 앞뒤 없이 바람을 불러온다

그 바람에 하늘과 땅 비스듬히 섞일 때
꽃 한 송이 길 없이도 길을 연다
이 길 통과하는 동안이면

육신은 잿빛으로 반짝반짝 가벼워도 좋겠다

누구나 잠시 빌려 입는 바람의 말
평생을 이어놓은 긴 질문이다
나는 지금 세상에 없는 이름으로
당신을 불러오는 중
백년을 걸어서 하루를 통과하는
여기, 앉아서 평생을 탕진해도 좋겠다

## 그림자는 두께가 없다

쨍, 하늘이 깨어질 듯 얇아진 날
그림자가 짧은 나는 키 큰 나무에게 갈 수 없어
물속인 듯 나무 그림자 속에서 첨벙거렸다
그건 나를 향한 나무의 고백이다
그날부터 물고기 여자로 산다
저 그림자 출렁거려 밀물 지면 어쩌나
날마다 흐려지는 지느러미로 꼬리 친다
백팔 년을 엇갈려도 지금인 오늘,
할 일이 없어지면 그림자 끌어다 낮잠도 청하는데
뱃속에서 서른세 번째 물고기가 발길질하네
그림자도 두터워지면 나무가 되는 것이리라
새끼 물고기를 어디에다 풀어 먹일까
키 큰 나무 주위를 맴돌아도 그 나무
단 한 발짝도 움직일 줄 모르네
부풀었다가 가라앉다가
침묵을 키질하는 그림자 요란하다
밀물에서 썰물까지 버스에서 흔들리며
이건 꿈 밖의 꿈

바닥에 왈칵 엎질러진 나무를
지문이 닳도록 문질러댄다

# 팬닝

자라던 키가 정지됐다
23.5° 기울어진 지구여서
내 걸음은 그림자를 당기느라 피곤했다
신발 속에서 발가락 휘는 사이
어떻게 사랑이 흔들리니?
애인은 떠나고 내 허리둘레는 반 인치 줄었다

헐렁해진 바지는 늘 나를 긴장시켰다
그러거나 말거나 꽃들은 바람에
제 몸을 얹어서 난분분 꽃잎을 털어낸다
저 바람을 어떻게 꽃잎에 담아낼까
바람과 꽃잎은 가는 길이 달랐다

고개를 꺾어서 키 높은 꽃나무
바라보기란 오지 않는 애인을 기다리는 것처럼
지루했다 바람에 꽃잎 속절없이 흘러갈 때
카메라의 눈도 따라 흘러갈 수 있다면
신발의 굽은 자꾸 높아졌다

>

꽃잎이 떨어지는 방향도 그 속도도
바지를 줄이고 나서야 편안해진 허리처럼
느리게, 꽃잎을 따라가며 바람을 찍어내는
움직이는 중심이 편안하다
어떻게 사랑이 흔들리지 않겠니?

# 물 박물관

여기를 한 바퀴 도는 일은
물의 궤도를 따라나서는 거다
물은 푸른빛이었다가 회색
때로는 깜깜해서 걸음조차 비틀린다
물이 물속으로 뛰어들었다
입방체의 지붕을 타원형으로 도려내서
사각의 바닥 위에 제 몸을 끌러놓았다
한 발짝 걸음을 뗄 때마다
하늘은 물 위에 몸을 포갠다
쉬지 않고 흘러서 그 발목에 걸려
넘어지는 파문, 물의 죄 고스란하다
누가 뒷덜미를 잡아챌까
까치발로 뛰어내렸던 순간은 지나갔다
아무도 뒤돌아보지 않는 지금,
물은 옹이처럼 돌확에 앉아
마디 풀어 무릎 적신다
물결 소리 곰곰 귀에 담는 중
물은 흘러가는 물의 속도를 기억한다

해설

# ‘흔들리는 중심’의 비밀

고영(시인)

## 1.

깊이 생각하는 것만 중요한 것은 아니다. 수평적이라도 다양하게 다각도에서 생각해보는 것도 뜻밖의 차원의 질문과 마주하게 만들 수도 있다. 겨울 바닷가의 철새들을 찍은 사진이 한 장 있다. 하늘은 석양빛으로 검붉고 바다는 작은 일렁거림으로 어둡다. 누군가는 ‘새들이 내려앉아 있다’에서 생각을 그칠 것이다. 하지만 다른 누군가는 ‘바다가 새들을, 혹은 새들이 바다를 움켜쥐고 있다’고 생각할 것이고, 또 다른 누구는 ‘석양이 새들을 내리누르고 있다’고 생각할 수도 있다. 이처럼 사태(事態)는 시각적으로 균질적인 것처럼 보이지만, 해석은 그들이 서 있는 지점과 나아가고자 하는 방향에 따라 일반화된 인식을 뒤집기도 한다.

손현숙 시인은 빠른 시상의 전개와 그 속에 잘 배치된 구어체와 의문법의 능숙한 활용으로 경쾌한 시인이라는 인상을 풍긴다. 이번 시집 『일부의 사생활』도 예외는 아니다.

> 어떤 생각이 여기까지 이끌었을까, 한 발이 한 발을 따라가고, 그 뒤를 또 다른 발자국이 따라간다 저기, 환하게 빛을 지고 선 사이프러스, 나무가 예를 갖춘 듯 양쪽으로 늘어섰다
>
> 소실점 뒤 문을 열고 들어서면 사람들이 웅성거리는 곳, 누구는 차를 마시고 농담을 하고 더러는 무릎 위에 담요를 덮었다
>
> 거기에서 한 치의 망설임도 없기를, 바람이 오랜 비밀처럼 하늘을 간다 한 번도 가본 적은 없지만, 아무도 되돌아오지 않았다
>
> 밝음, 저 도열의 끝을 지나 한 발짝만 들어서면 죽은 자들의 웃음소리가 들린다 빛으로 사람을 가볍게 당기는, 문득 걷다 보면 허밍처럼 빛을 터트리는,
>
> —「허밍처럼」 전문

먼저 '경쾌하다'라는 말의 의미를 생각해보자. 그것은 '비감하다', '무덤덤하다'처럼 말, 그러니까 시에서는 사용된 시어와 어조, 그 결합 방식을 특정하려는 것일 뿐, 그 외에는 크게 영향을 미치지 못한다. "저기, 환하게 빛을 지고 선 사이프러스, 나무가"에서 볼 수 있듯이 특정 지점('저기')을 지시하고 그곳의 조건('환하게')을 확정하고 비로소 피사체 '사이프러스'(지시어)→'나무'(구체적 대상)를 보는 것은 시인의 오랜 훈련의 결과일 뿐이다. 하지만 이 작품은 그 훈련을 기반으로 하여("거기에서 한 치의 망설임도 없기를,"이라는 부분은 셔터를 누르는 순간의 자세처럼 읽힌다) 보다 철학적인 주제에 접근하고 있다. "소실점 뒤 문을 열고 들어서면"이라는 표현에서 충분히 유추할 수 있는 것처럼, 이 작품은 아주 크게는 '삶과 죽음'의 문제를, 보다 가깝게는 '현상과 본질'의 문제를 다루고 있다고 할 수 있다. '소실점'이란 일종의 시각적 사각지대라 해도 무방할 것인데, 어쨌든 시인은 '시인의 말'에서 "나는 너머를 꿈꾼다"라고 확언했으니 지나친 비약은 아닐 것이다.

또 하나 관련해서 더 생각할 부분은 제목, '허밍처럼'이다. 허밍은 소리인가, 숨쉬기의 일종인가? 편견을 버리고 생각해보자. 허밍은 굳이 입을 열지 않아도 되거나 구태여 입을 열고 싶지 않을 때 자기 내면을 밖으로 투사하는 방식이 아닌가? 그렇다면 그것은 우리가 일반적으로 알고 있는 소리(의 사소통)의 영역이 아닐 수도 있고, 무의식적으로 끊임없이 반복하는 들숨과 날숨의 영역과는 다른 그 무엇일 수도 있다. 즉 이것도 아니고 저것도 아닐 수도 있고, 이것이기도 하고 저것도 될 수 있는 것. 그것이 '허밍'이라 할 수 있다.

이처럼 '허밍'은 이번 시집의 핵심을 드러내는 화두와 같은 역할을 한다. 하지만 전체적으로는 '중심'이라는 시어 혹은 자세의 문제가 이번 시집의 근간(根幹)이라고 볼 수 있다.

## 2.

근간이 '중심의 문제'라고 했지만 그 비밀에 다가가기 위해서는 반드시 하나의 실타래를 풀어야 한다. 아니, 아리아드네의 실처럼 일단 한 끝을 쥐고 시집 전반을 훑어가야 한다. 그것은 '색(色)—불—꽃'이라는 하나의 수평적 계열체로 드러나 있다.

손현숙 시인은 강하게 결속된 이 계열의 이미지를 통해 '중심'이 흔들리게 되는 숙명적 상황을 '삶과 죽음'이라는 인간 존재의 보편적 고뇌에까지 닿게 한다.

> 소문의 꼬리가 몸속에 꽃그림을 심는다
> 아픈 곳을 찔러 바닥의 생기를 끌어올렸다
> 色이 불려 왔다

핏방울로 젖이 돌고
모래는 둥글게 두 산을 쌓았다

—「꽃잎처럼 포개져서 명왕성 갈래?」 부분

벰, 베라, 베로는 요괴인간 눈꼬리가 찢어지고 손가락도 셋, 푸른 늑대가 돌아오는 어스름 때 땅 위에 발 내린다 착한 마음으로 지팡이와 채찍으로 악귀들을 물리치면서 "인간이 되고 싶다" 불에 댄 듯

푸레독, 불 속에서 검고 푸른 그을음으로 숨을 쉰다 몸은 그제야 작은 균열이 생기고 이쪽과 저쪽의 물을 가누고 공기는 서로 드나든다 업장 소멸하듯 빛으로 몸을 감고

몸을 지져 살 속으로 스미면 인간이 되는 건가 요괴가 되는 건가 조금은 애매하게 사라지는 거, 없는데 있는 거 살긴 살았는가, 연기 사이에는 무엇이 있나 죽어서도 살아있는 푸른 얼룩

—「푸레독」 전문

꽃나무 아래로 무덤들이 걸어 다닌다 더 이상 지금이 아닌 여기서 누가, 명랑한 입술로 구름을 먹어치운다 돗자리 위에 양다리 뻗고 앉아 나무젓가락 반으로 떡, 가르

자 눈앞에서 하늘이 빙글 돈다 눈썹 위로 꽃잎 한 장이 뛰어내린다

—「毒, 꽃으로 찾아오는」 부분

간혹 배열이나 배치 때문에 의도하지 않은 위계가 발생하기도 한다. '색(色)—불—꽃'도 마찬가지일 수 있다. 하지만 어느 것이 보다 근본적인 상징이고 주(主)가 된다고 말하기 어렵다. 이번 시집의 경우도 마찬가지다. 다만 여기서 엿보려 하는 것은 시인이 사용한 이미지상의 편차, 약간의 뉘앙스일 뿐이다.

첫 인용 시에서 '色'은 끌어올려진 '바닥의 생기'와 같다. 즉 생명을 지속하고자 하는 본능적인 몸부림이 色으로 상징화된 것이다. 이는 「가니메데스 유혹」에서도 그대로 드러나는데, "순식간 몸을 탁, 풀었다/달아난다, 배를 밀면서 시퍼렇게 色을 지운다"고 표현되어 있다. 교미 중인 두 뱀의 형상을 '혀'로 묘사한 것도 의미심장하지만, 시인이 "호기심에 발자국이 격렬하게 반응한다"고 토로한 것은 그 자신이 결코 어떤 정신적 초월이나 제의에 의지해서 본성을 억누르는 길만을 고집하지 않았다는 선언처럼 들리기도 한다. 이 토로의 진정성은 억지로 먹이는 色이 결코 그 본성을 되살려주지 않는다는 사실의 자각이다. 즉, "먹인다는 말은 묻힌다는 말, 날개에 색을 묻히면 정지했던 날개는 하늘에 다시 숨을 풀어

놓을까 그것은 밖을 부려 안을 깨우는 일 날개에 색을 먹이기 위해 빛을 올려붙이는 거다”(「날개가 색을 묻히다」)라는 사실을 알고 있기 때문에 가능했다고 볼 수 있다.

다음으로 ‘불’은 ‘소멸과 재생’이라는 원형적 상징에 기대 두 갈래의 사유가 형상화되고 있다. 인용 시에서는 ‘푸레독’이라는 특수한 옹기를 통해 불이라는 시련을 견뎌낸 어떤 경지를 그려내고 있다. ‘몸’은 균열이 생기지만, 그것이 통로가 되어 “이쪽과 저쪽의 물을 가두고 공기는 서로 드나드”는, 말 그대로 경계가 아닌 경계가 형성되는 것이다. 하지만 이마저도 거저 닿게 되는 것은 아닌데, 시인은 이미 “담장에 기대 세웠던 사다리에 불지른다 처음에는 바람을 밀면서 저를 고집하더니 삽시간에 치솟는 불길로 불춤을 춘다 한 소절이 끝나면 다음 소절로 난간도 없는 계단을 밟아 허공으로”(「행간 행간」) 가는 의식을 치렀기 때문이다. 사다리란 높이 오르기 위한, 또는 어떤 장애를 극복하기 위한 도구인데 거기에 불을 놓았다는 것은 결국 둘 중 하나를 지시할 수밖에 없다. 하나는 상승하려는 의지를 버렸다는 것이고, 다른 하나는 구태여 어떤 도구적 활용 없이 그 경지에 다다랐음을 암시하는 것이다. 그에 대해서는 「깨어있는 꿈」의 “날개에 태양 흑점을 찍고 서쪽 환한, 바다로 간다”는 구절에 충분히 암시되어 있다. 꽃을 보러 갔다가 곧 날아간 새들만 무진장 본다. 그런데 그 새들은 한 점 한 점씩 ‘色’을 채우다가 “가도 가도 없는 집 꿈인 줄 알면서도 새는 북서쪽으로 몸을 들인다". 이때 본능은 불가피한 족쇄가 된다. 왜냐하면 그들의 본성은 결코 '집'을 생성할 수 없기 때문이다. 하지만 이 이주가 단순한 도피가 아닌 것은 그들이 날개에 태양의 '흑점'을 달기 때문이다. 흑점은 검지 않다. 태양이 흰색이기에 극한으로 뜨겁게 폭발할 때 상대적으로 검게 보일 뿐이다. 어쨌든 '불'은 손현숙 시인에게 '소멸과 재생'의 이미지로 유효하게 작동한다.

필자가 '색(色)—불—꽃'을 수평적 계열이라고 했지만, '색과 불'은 철학적이든 과학적이든 구체적 대상으로 이해하기 어려운 측면이 있다. 반대로 '꽃'은 눈으로 바로 포착할 수 있는 구체적 상관물로 대상에서 사유가 전개된다는 차이가 있다. 그만큼 '꽃'의 이미지는 여러 상징을 함축할 수 있는데, 이번의 경우에도 예외는 아니다. 누가 뭐래도 꽃은 色의 화신이고 불을 불러일으키는 최적의 발화 요인이기 때문이다.

인용 작품에서 '꽃'은 이미 色을 벗었다. 이미 그 아래로 '무덤'들이 걸어 다니기 때문이다. 그리고 불을 지르지도 못한다. 이미 빙그르 도는 하늘 아래서 마치 그 결과물처럼 눈썹 위로 '꽃잎' 한 장이 떠어내리기 때문이다. 시인은 「목련이 피었는데 죄나 지을까」 궁리한다. 왜냐하면 "한바탕 미치면 미치는 거다, 뭐/오늘이 세상의 끝나는 날이다 몸을 열어/한순간에 숨통 끊어져라 하얗게 할퀴는/꽃,"이 있기 때문이다. 꽃은 곧바로 '절정'을 떠오르게 하고, 절정은 곧 끝없이 스러져갈 퇴락을 예감하게 한다. 그래서 이 궁리는 "곱게 미쳐서 맨발로 뛰어내리는데/모가지가 허공에 줄을 맨다"는 어처구니없는 결론으로 끝난다. 하지만 여기서 끝이 아니다. 꽃의 사나운 본성을 시인은 이미 알아챘기에 「목련은 흰 피 동물이다」에서 "그것은 소리의 향을 밟고 오는 통증/내장 환하게 흰 피로 가득 채운 넓고 하얀 꽃 이파리"임을 알 수 있는 것이다.

달은 살을 파고들었다
그럴 때마다 나는 뿌리를 캐듯 달을 깎았다
딱딱하고 까맣게 죽어서
잘려 나오자마자 바스러졌던
달은 제 모습을 숨기고 싶었던 모양
온몸을 살 속에 파묻는 중이다
아파? 까맣게 죽은 살을 후벼 파며
쇄골 속으로 첨벙, 침몰하는 달의 파편들
빛을 기대한 것은 아니었지만
달과 살이 함께 집혀 검붉은 피가 돌면
아, 하고 검은 구멍이 입을 벌렸다
포로처럼 내밀고 있던
발가락 다섯 개 중 성한 것은
달이 파고든 엄지발톱뿐

제멋대로 자라버린 나무뿌리 같은데
애야, 요즘은 안 아픈 뼈가 없구나,
한 가지 생각만으로 거칠어질 때
뿌리는 죽어서도 자라는가
고통이 부끄러움을 넘어서는
저기, 깜깜한 살을 파고 초승달 떴다

—「봐라, 초승달이 떴다」 전문

시인들은 저마다 몸속에 달 하나씩을 품고 산다. 손현숙 시인은 그중에서 발톱에 숨은 '초승달'에 주목하고 있다. 자기의 일부이면서 가장 시선이 잘 닿지 않는 곳, 그러면서도 발목에 걸렸던 '그림자'를 가장 안정적으로 붙잡았던 지점, 끝내 "빛을 기대한 것은 아니지만/달과 살이 함께 집혀 검붉은 피"가 도는 순간을 형상화하고 있다. '달'은 차가운 '색, 불, 꽃'의 합체(合體)다. 어둠이 필요 없는, 반사뿐이므로 색이 아닌 색, 더 이상 불을 옮기지 않는 완벽한 재다. "달의 슬하는 제 그림자를 모르는 햇덩이의 거처입니다 아무것도 고백한 적 없는 입술도 자기 이름은 불러줄까요?(「신화처럼 거절해봐」)의 신화처럼, 또한 생명의 순환 속에 핀 최초의 꽃처럼, 시인은 '달'까지 포함한 어떤 비밀의 밀도(密度)를 겨냥한다.

## 3.

간혹, 시인에게 시를 밀고 나가는 힘은 무엇인가, 묻고 싶을 때가 있다. 그런데 이런 질문 자체가 아무렇지도 않은 것 같으면서 좀 어처구니없기도 한 듯하여 입을 닫는다. 그런데 가끔, 정말로, 궁금해질 때가 있다. 분명 '중심'이라고 읽었는데, 이게 '중력(重力)'이 아닐 때……. 그렇다면 무엇일까?

입산금지 팻말을 무시하고
정광산 비탈길로 발 들인다
가쁜 스틱이 호흡을 가파르게 끌고 간다
어휴, 무슨 산길이 낙엽으로 길을 지워놓는 걸까
바람이 나뭇가지를 들어 허공을 회초리 칠 때
왼발이 중심을 아찔, 엎지른다
호신용 내 등산 스틱이
다급하게 산을 깨운다
산등을 찌르려는 것은 아니었다
허둥지둥 공기를 찢고 낙엽을 흩으며
벼랑길로 도망치는 고라니 새끼
나는 저를 겨냥한 적 없는데
등이 슬픈 목숨이 뛴다
본능이 끌고 가는 시퍼런 맹렬
목숨을 튀기며 사라지는 발자국이다
저도 모르게 갈겼던 애인의 귀뺨처럼

달아나는 짐승의 내장 같은 공포

—「너는 왜 내게 등을 보이니?」 전문

인용 시에서 손현숙 시인은 직립한 자세의 '중심'을 보여준다. 정광산에서 늦가을 산행을 하다 시인은 비에 젖은 낙엽에 미끄러져 순간 '중심'을 잃는다. 서둘러 스틱으로 바닥을 찍었는데, 그 소리가 고요한 "산을 깨운다". 그뿐이랴, 고라니 새끼 "허둥지둥 공기를 찢고 낙엽을 흩으며/벼랑길로 도망"친다. 여기까지는 늦가을 비 온 뒤 산행 풍경이다. 그러나 시인은 여기서 "본능이 끌고 가는 시퍼런 맹렬"을 본다. 본능은 자기보존본능, 즉 살고자 하는 욕망이다. 이것은 익숙하다. 시인도 이미 "각개전투 하듯 본능을 털어낸다/저조차도 제 속으로 들이지 못하면서/나를 가두었던 애인을 돌돌 말아 냉동실에 들인"(「물방울 리플레쉬!」) 시절이 있었기 때문이다. "본능을 털어낸다"고 했지만, 그것은 '본능을 끌고 간다'와 하등 다를 것이 없다. 본능은 생명 존재의 기본 조건이기 때문이다. 시인은 "왼발이 중심을 아찔, 엎지른다"라고 몸의 중심을 말하고 있지만, 결국은 정신의 소통을 말하고 있는 것이다.

꽃피는 거 무서워 도망치는 밤 너는 꽃이더라, 나비더라, 찢어진 족보 같은 날개를 팔랑, 버리고 버려지면서 팔다리 흔들어서 강 건너 불빛까지 흘러 흘러서 그림 속 원경으로 흐리게 번지면서 밖으로 물러서면서 열나흘째 밤하늘의 허기를 넘어 정점에서 저절로 숨을 막고 손을 놓아버리는 장대높이뛰기 선수의 꿈처럼 죽어서야 피어서 꽃으로 오나 발만 가면 지워지나 꽃잎 한 장으로도 허공을 날아서 흐드러져서, 하늘은 빙글 돌아 별을 밟고 서서……,

—「절정」 전문

꽃 속에서 에너지의 충화를 본 한 시인의 목소리가 오롯이 담겨 있다. 내가 물러설 때 자꾸 다른 색과 형으로 변화하는 '너', 이것은 구체적 대상이기보다는 세계에 가깝다. "죽어서야 피어서 꽃으로 오나"라는 일종의 질책 섞인 어조는 자기 자신을 향한 것이 아니라 어떤 순리, 법칙이라는 이름으로 우리에게 주어진 숙명에 대한 항변이다. 어쩌면 시는 이처럼 하나 마나 한 소리를 계속 되풀이해야 하는 것인지도 모른다.

그러면서도 도대체 자기 '중심'을 어디에 두어야 할지 알 수 없다는 것이 가장 큰 비극인데, 시인은 이를 "카메라의 속도는 일 초를 몇천 번으로 쪼개어서 한순간 정지! 가끔은 이런 시간 혹시, 내가 사는 지금이 아닐까 어느 별로 가야 하는 길목에서 찰나, 나는 새끼를 낳고, 이별을 하고, 먹고, 자고, 팔다리 흔들면서 영원을 사는 것은 아닐까"(「결정적 순간」)라고 회의(懷疑)한다. 이 회의, 혹은 염려. 잘못 흘러들어 온 시공에서, 그것이 꽃이든, 불이든, 색이든, 달이든 시각적 이미지의 형상 아래 자기의 '집', 혹은 "가령, 내 뒤에서 나를 따라 내가 되고 싶어서, 막대사탕처럼 울기도 하는,"(「봄날의 산보처럼」) '나'가 있을 거라는 믿음은 유효하다. 여기서 시인은 다시 '중심'의 문제를 생각한다.

꽃잎이 떨어지는 방향도 그 속도도
바지를 줄이고 나서야 편안해진 허리처럼
느리게, 꽃잎을 따라가며 바람을 찍어내는
움직이는 중심이 편안하다
어떻게 사랑이 흔들리지 않겠니?

—「팬닝」 부분

시인에게 시는 혹은 생(生)은 어떤 방식으로든 결론에 도달한 것 같아도 그것은 결국 잠정적일 수밖에 없다. '팬닝'에 대해 잘 모르지만, '움직이는 중심'이 갖는 의미가 크게 느껴진다. 어쩌면 '주체—객체'의 문제를 훨씬 폭넓게 포괄하는 지점일지도 모른다. 시인은 "꽃잎을 따라가며 바람을 찍어내는"이라고 했다. '중심'을 바꾸겠다는 것이 아니라 '흔들리는 중심'으로 흔들리는 세계에 '중심'을 잡아보겠다는 말로 들린다. 그러므로 "어떻게 사랑이 흔들리지 않겠니?"는 색을 바꾸고 불만 피워 꽃을 날리는 사랑이 아니라, 자기중심으로 흔들리며 '중심'을 잡는 사랑을 말하고 있는 것이다. 손현숙 시인의 '흔들리는 중심'이 가닿고자 하는 곳이 곧 시작이며, 그 끝에는 인간에 대한 '사랑'이 존재하고 있음을 확인하며 글을 맺는다.

이 도서의 국립중앙도서관 출판시도서목록(CIP)은 서지정보유통지원시스템 홈페이지(http://seoji.nl.go.kr)와 국가자료공동목록시스템(http://www.nl.go.kr/kolisnet)에서 이용하실 수 있습니다.(CIP제어번호: CIP2018001677)

시인동네 시인선 085
일부의 사생활


초판 1쇄 인쇄 2018년 1월 17일
초판 1쇄 발행 2018년 1월 24일
지은이 손현숙
펴낸이 고영
책임편집 서윤후
디자인 헤이존
펴낸곳 문학의전당
출판등록 제2017-000002호
주소 서울시 마포구 마포대로 11길 91, 3층
전화 02-852-1977 팩스 02-852-1978
전자우편 sbpoem@naver.com

ISBN 979-11-5896-355-2 03810